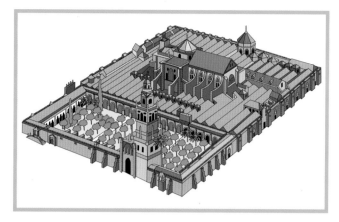

La Mezquita-Catedral de
CÓRDOBA

Texto:
Manuel Nieto Cumplido
Canónigo Archivero de la Catedral de Córdoba

Fotografías, diagramación y reproducción enteramente
concebidas y realizadas por los equipos técnicos de
EDITORIAL FISA ESCUDO DE ORO, S.A.

ESCUDO DE ORO

Vista aérea de la Mezquita-Catedral, junto a la que se extiende el entramado urbano de la Judería.

INTRODUCCIÓN

La Mezquita-Catedral de Córdoba es, sin duda alguna, en su etapa islámica, el monumento del que arranca la arquitectura hispano-musulmana de la Península Ibérica, y de ella se ha dicho que es el edificio más antiguo, en pie y en uso, que existe en España. Su misma historia es tan singular –gran aljama musulmana y después catedral de la diócesis– que la convierte en uno de los edificios más admirados del mundo entero, que si ya en el siglo XV reclamaba para sí el título de una de las maravillas del mundo, finalmente fue declarada monumento de la Humanidad en 1984. Un exiliado cordobés de fines de la Edad Media, Jerónimo Sánchez, escribiría que, por su hermosura, es gloria de España, señal distintiva del honor de Córdoba, ínclita sede de su obispo, y monumento que honra a los reyes cristianos que en ella estuvieron sepultados.

Construida a orillas del Guadalquivir, en pleno período califal, se encontraba ubicada junto al alcázar de los Omeyas y estaba flanqueada en sus costados por tres baños, uno de ellos aún existente en parte, el llamado baño de Santa María. Un paisaje único que la ciudad tomaría como emblema en su sello junto con el puente mayor y la noria de la Albolafia. Conjunto que aún puede admirarse, no sin algunas alteraciones renacentistas y barrocas –puerta del Puente y Triunfo de San Rafael– desde la torre de la Calahorra situada a la otra orilla del Guadalquivir.

En la actualidad, el monumento constituye aún el núcleo vivo del barrio de la Catedral en el que se

encuentra el hasta hace poco Palacio Episcopal
–antiguo alcázar califal–, hoy Museo Diocesano de
Bellas Artes, que, cerrado por la muralla original, da
cobijo a una construcción del siglo XVII con amplia
escalera barroca y capilla de Nuestra Señora del Pilar
en la que lucen los retablos de los escultores Pedro
Duque Cornejo y Alfonso Gómez de Sandoval.
Junto a él, el Seminario Conciliar de San Pelagio,
obra de los siglos XVIII y XIX, con su bella portada
barroca.

*La Capilla de la Virgen de los Faroles y campanario, en
el lado Norte del recinto de la Mequita-Catedral.*

Patio de los Naranjos.

El conjunto adquiere aires romanos con el esbelto
triunfo de San Rafael, réplica parcial de la fuente
central de la Plaza Navona de Roma, levantado en la
segunda mitad del siglo XVIII por el arquitecto francés Miguel Verdiguier en honor del arcángel Custodio de la ciudad.

Al costado norte del Palacio Episcopal se encuentra
el que fuera hasta el siglo XIX Hospital de San
Sebastián –hoy Palacio de Congresos– en el que
destaca de forma espectacular la portada gótica de
su pequeña iglesia, obra del arquitecto Hernán Ruiz
I, construida a comienzos del siglo XVI. El resto de
los edificios que la rodean son casas que, mante-
niendo el alineamiento original de la Edad Media,
responden a módulos urbanísticos del presente
siglo.

3

Ara visigoda y pila califal.

Portada de la ampliación de Al-Hakam II. ▶

HISTORIA

Aunque las fuentes históricas musulmanas transmiten la leyenda de la existencia en su solar de un templo judío levantado por el rey Salomón, el relato histórico comienza con la construcción de un conjunto monástico cristiano en torno al siglo VI dedicado a San Vicente, excavado en 1931-35, del que se conserva la cimentación de dos iglesias y dos mosaicos en el mismo lugar del hallazgo. Algunos de sus elementos constructivos –basas, fustes, capiteles y cimacios– debieron utilizarse, sin duda, en la construcción musulmana.

En su evolución histórica, el edificio ha tenido dos grandes etapas: la musulmana, desde su construcción en el siglo VIII hasta 1236, y la cristiana, desde el 29 de junio de este año hasta nuestros tiempos. Fue en ese día cuando, por mandato del rey Fernando III el Santo, tras la reconquista de la ciudad, se consagró como templo cristiano dedicado a Santa María, Madre de Dios, por expreso deseo del monarca castellano. Su conversión en catedral no significó un acto excepcional, ya que era costumbre en la Castilla medieval dedicar las antiguas mezquitas de pueblos y ciudades al culto cristiano.

Sí es singular la estima que los más importantes coetáneos de estos hechos manifestaron sobre su belleza y la exquisitez de su construcción. Alfonso X el Sabio dejará escrito que el edificio heredado del Islam superaba en hermosura y esplendor a todas las demás mezquitas de los árabes, y el historiador y arzobispo don Rodrigo Ximénez de Rada exclamaría al contemplarla en 1239 que no había otra mezquita igual por su ornato y dimensiones entre los musulmanes. Valoraciones asumidas por los cordobeses de todas las épocas –musulmanes y cristianos– y que están, sin duda alguna, en la raíz de la salvaguarda de este sin par monumento.

Fachada occidental de la Mezquita.

Campanario de la Catedral. Siglos XVI-XVII. ▶

EL SOLAR

El terreno sobre el que se levantó la mezquita fundacional en el siglo VIII parece, según los testimonios arqueológicos, que ya estaba ocupado durante el período imperial romano. La *Vía Augusta* que circulaba a sus pies a punto de pasar el puente hacia Gades (Cádiz), y la estatuilla de Marte y el laurel de Apolo hallados en las excavaciones efectuadas en el patio parecen certificarlo.

Las primeras edificaciones que se conocen, no obstante, sólo hablan de un gran espacio construido en torno al siglo VI, de carácter monástico, puesto bajo la advocación de San Vicente, que pervivió hasta el año 785 en que fue derribado. En un muro existente bajo el pavimento, perteneciente a este edificio, se encuentran colocados numerosos ladrillos que llevan la inscripción de haber sido fabricados por un tal Leontino, cuya fe cristiana se confirma por el crismón que acompaña al nombre del alfarero. A su costado occidental se elevaba el palacio de Rodrigo, sede de los gobernadores visigodos. Las fuentes árabes certifican la existencia de este templo cristiano «en el que se adoraba al Dios Altísimo y se le leían los Evangelios». Por la capitulación firmada cuando se conquistó Córdoba en el 711, los cristianos hubieron de ceder la mitad del solar monacal que, de inmediato, se dedicó a mezquita por Tariq ben Ziyad, liberto de Musa ben Nusayr. Así pervivió hasta los últimos días del reinado de Abd al-Rahman I, cuando el emir, viendo la estrechura en que se desenvolvía la multitud islámica durante la oración del viernes, decidió comprar a los cristianos su propiedad. Fue precisamente en la parte dedicada al culto del Islam donde los cordobeses habían prestado juramento al primer emir omeya después de la batalla de Al-Musara, hecho sucedido en el 756.

En un principio, los cristianos rehusaron la venta, pero, apremiados, cedieron. Abd al-Rahman pagó como precio cien mil dinares en el año 785, y el solar que se hizo, después de derribar la iglesia de San Vicente, lo añadió al patio de la mezquita.

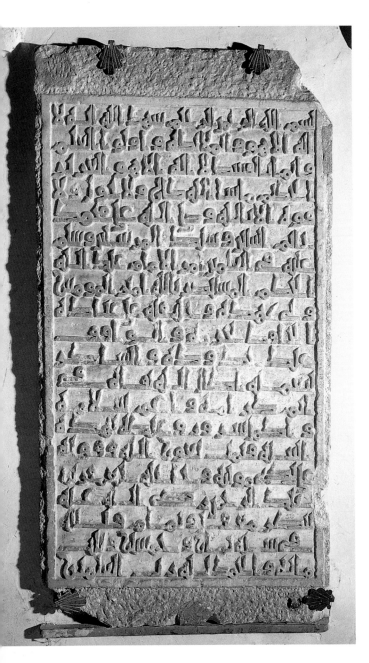

Lápida fundacional de un edificio. Año 968.

LA MEZQUITA FUNDACIONAL

Abd al-Rahman I, de acuerdo con lo ajustado con los cristianos, ordenó el derribo de toda la construcción cristiana en el año 169 de la hégira, y dispuso que se iniciase la cimentación de la mezquita aljama a principios de *rabi I* del año 170, primeros días de septiembre del 786, según el cómputo cristiano.

Sus sentimientos, posiblemente, y el recuerdo de su patria –Siria– estuvieron presentes desde el comienzo de la obra. Cuando se procedió a plantear la orientación del nuevo edificio, el emir dispuso una dirección propia: la mezquita debía tener la misma orientación que la Gran Mezquita de Damasco a la Meca. Sobre esta hipótesis, parece que Abd al-Rahman I, al dirigir la oración como imán o al acudir a la oración del viernes, quería sentirse en Damasco, en su país. Si la vuelta a Siria le estaba vedada por el poder de los califas abbasíes, Damasco, donde tenía su corazón, podía ser recreada en Córdoba. Otros prefieren fundamentar su orientación irregular en que el emir omeya se atuvo a la asumida por los conquistadores en la primera mitad de la basílica de San Vicente, en la que el baptisterio por inmersión de su costado Sur pudo constituir su *mihrab*.

La cultura árabe, a fines del siglo VIII, aún se hallaba en una fase inicial de captación de conocimientos ajenos, por lo que esta construcción ha de ser interpretada fundamentalmente como síntesis de lo que había sido la arquitectura hispana pre-islámica. No resulta extraña, por tanto, la apreciación que se ha hecho al hablar de esta mezquita primitiva como el último edificio helenístico de Occidente.

El edificio creado era de planta virtualmente cuadrada de 79 metros de lado, dividido de Este a Oeste y mediante un muro, en dos partes iguales, que se destinaron a patio de abluciones y a sala de oración respectivamente. Esta última se dividió a su vez en once naves, orientadas al Sur, perpendiculares al muro del *mihrab* o de la *qibla*. La entrada a la sala de oración desde el patio se hacía por once arcos abiertos en el muro medianero, convertido así en fachada del oratorio al patio.

La invención crucial de la mezquita cordobesa es la solución de las arcadas o plano de sustentación mediante columnas, pilastras, arcos superiores de medio punto y arcos inferiores de herradura, de arriostramiento. Para elevar las arcadas se solían suplementar las columnas mediante pilastras que dejaban los arcos a su debida altura. Pero la estructura era frágil y era necesario sujetarla mediante fuertes tirantes, como se utilizaron en

◄ *Arquerías de Abd al-Rahman I.*
(Páginas 8-9).

Artesonado y arcos de la nave central. ►
Abd al-Rahman I.

El-Aqsa (Jerusalén) y en la mezquita de Qairawan (Túnez). En Córdoba, la función de estos tirantes la hacen los arcos de arriostramiento con gran ventaja para el efecto general y mayor dignidad arquitectónica. La solución no tiene precedentes y la gloria les cabe por entero a los constructores cordobeses. Queriendo buscar inspiración, se pensó en los acueductos romanos como el de los Milagros de Mérida con arcos superpuestos de acodamiento entre los pilares (F. Chueca). El despiezo de los arcos con su alternancia de dovelas de piedra y ladrillo rojo puesto de canto responde a técnicas constructivas de las postrimerías del imperio romano. Esta mezquita primitiva contaba con 142 columnas y sus respectivos capiteles y cimacios, todos aprovechados de edificios más antiguos. Gracias a estos elementos, a la serena proporción de las arcadas, dupla en su orden inferior, y al sentido basilical de su estructura, conserva viejas esencias helenísticas.

Las naves se cubrieron independientemente unas de otras a base de tejados, cuyas armaduras apeaban sobre los muros existentes sobre las arcadas, en los que se hizo una canalización entre nave y nave para la recogida de aguas pluviales.

Ante tal obra de arte parecen justificados los versos escritos en honor del primer omeya por un poeta coetáneo: *Entregó por Dios y en su honor / ochenta mil piezas de plata y oro / que gastó en una mezquita cuya base es la devoción / y su gloria, la religión del profeta Mahoma. / Se aprecia el oro reluciente en sus techumbres / que brilla con el resplandor del relámpago flameante.*

Abd al-Rahman I († 788) no pudo concluir el patio, por lo que cupo a su hijo y sucesor Hisham I (788-796) el honor de dar adecuado remate a la misma con la construcción de un alminar, una galería alta o saqifa para la oración de las mujeres en el patio, costado Norte, y una mida'a o dependencia para las abluciones rituales, adosada al paramento exterior del muro oriental del oratorio, de la que se conserva la cimentación. Abd al-Rahman III, en 951, ampliaría el patio por el lado Norte, levantaría un nuevo y célebre alminar y reforzó el muro de fachada de la sala de oración al patio con otro adosado al viejo y 22 columnas para sus arcos.

Columna entorchada de Abd al-Rahman I.

Nave del mihrab hacia el patio.

Naves ante el mihrab.

PRIMERA AMPLIACIÓN

En el año 832, Abd al-Rahman II mandó edificar en los costados Este y Oeste del patio dos galerías también para la oración de las mujeres, proporcionando asi continuidad y armonía al mismo. Las actuales galerías porticadas fueron rehechas a comienzos del siglo XVI y no responden ya a su organización primitiva. En 848 y bajo el mismo reinado comenzaron las obras de la primera ampliación del oratorio hacia el Sur, que quedó alargado en una longitud de 26,6 metros con la aportación de 80 columnas, capiteles y cimacios, casi todos aprovechados. A estas columnas hay que sumar las cuatro que adornaban el *mihrab* y que servían de jambas al arco de ingreso del mismo, trasladadas posteriormente al actual.

Estas obras, dirigidas por los eunucos Nasr yMaswr, no concluyeron hasta siete años después, cuando Muhammad I, hijo y sucesor de Abd Al-Rahman II, terminó el decorado de la parte añadida y renovó el de la antigua. La estructura de esta primera ampliación fue copia fiel de la creada por los arquitectos del siglo precedente, excepto en la supresión de basas de cimentación. Los materiales también fueron de acarreo, pero con mayores deficiencias que los utilizados en la mezquita fundacional. La escasez de materiales obligó a labrar los primeros capiteles de ascendencia arábigo-cordobesa, colocados sobre columnas cercanas, o sobre las de ingreso, del segundo *mihrab*. Algunos reproducen con cierta libertad modelos clásicos, mientras otros ya son creaciones originales.

13

Ampliación de Abd al-Rahman II.

Cúpula ante el mihrab. ▶

Fue ante este mihrab donde se pronunció la jutba o sermón solemne del 16 de enero del año 929 en el que se invocó el nombre de Abd al-Rahman III con los títulos supremos de *jalifa* (califa) y *Amir al-Mu'minin* (príncipe de los creyentes) con los que afirmaba su soberanía absoluta sobre la España musulmana tanto en lo terreno como en lo espiritual.

Vista general de la segunda ampliación de la Mezquita. (Páginas 16-17). ▶

*Puerta de la
Bayt al-Mal
o Cámara
del Tesoro.*

*Mosaicos
de la puerta
del sabat
o pasadizo
al alcázar.*

Mihrab de la Mezquita.

◀ *Cúpula del mihrab.*

Mezquita fundacional con reformas cristianas.

SEGUNDA AMPLIACIÓN

A la muerte del primer califa en el 962, su hijo y sucesor Al-Hakam II, príncipe piadoso, ordenó una nueva ampliación del oratorio con 45,50 metros de profundidad sobre 190 grandes columnas, mas 24 medianas, adosadas a los pilares de la *maqsura* y 84 pequeñas en las cúpulas, lo que proporcionó al templo auténtica monumentalidad y belleza. Los trabajos fueron realizados con gran rapidez, asegurándose que la obra gruesa duró sólo tres años. La decoración, mejoras y embellecimiento continuaron hasta la muerte del califa.

Se conservó la misma orientación, reconocida como errónea, pero se impuso el respeto al dictamen de los primeros constructores, y se aumentó en doce tramos o intercolumnios la fundacional. El soporte y las arquerías sustentantes repiten acertadamente el feliz hallazgo del año 786. Excepto las cuatro colum-

nas de las jambas del *mihrab*, trasladadas desde el de la primera ampliación, todos los demás elementos arquitectónicos empleados fueron labrados expresamente para ella. Las columnas, de mármol gris azulado y rosado de Córdoba y Cabra, alternando, se dotaron de capiteles de labra esquemática –corintios simples y compuestos, también en alternancia–, según el modelo fijado por Abd al-Rahman III para la nueva fachada de la sala de oración al patio, y se continuó suprimiendo las basas, excepto en el muro ahora perforado de la segunda *qibla*.

En la mezquita de Al-Hakam II –ápice del arte califal– tenemos un programa arquitectónico magistralmente expresado. La riqueza decorativa, que ni obsesiona ni apesadumbra, no es más que la vestidura de un alto, limpio y claro esquema mental. Estamos ante un arte maduro, refinado, exquisito, como el propio califa que le dio vida. También, lo que hemos perdido en helenismo lo hemos ganado en mágicos

Arcos ▶
entrelazados
del
lucernario de
Al-Hakam II.

Nave de Al-Hakam II.

Columna ante el mihrab de Abd al-Rahman II.

valores orientales, en acento mesopotámico, en felices y misteriosos contrastes de luz y de sombra (F. Chueca).

Interesa también valorar las importantes innovaciones introducidas, producto de otras tantas creaciones originales de los alarifes cordobeses ya experimentadas en Madinat al-Zahra', donde aún quedan importantes huellas: los arcos polilobulados de origen oriental, las arquerías entrecruzadas, los pabellones cupuliformes montados sobre nervaduras con posible ascendencia en iglesias de Armenia donde proliferan, la *qibla* con doble muro, y los mosaicos de la portada y cúpula del *mihrab*.

Cúpula del lucernario de Al-Hakam II. ▶

Artesonado califal restaurado.

Artesonado califal. ▶

El lujo de la antigua corte califal se concentra en la decoración de la *maqsura* y de la fachada del *mihrab*, y en el interior de éste. Las dos cosas que más saltan a la vista son la profusión de la decoración en yeso –excepto los tableros de mármol que flanquean la puerta del *mihrab* en que se respresenta el árbol de la vida–, y los suntuosos revestimientos de mosaicos. En las dovelas alternadas de los arcos, en las albanegas, frisos y paneles, se despliega el relieve menudo de una flora convencional.

A solicitud de Al-Hakam II, el emperador bizantino Nicéforo Focas remitió al califa cordobés materiales y artistas musivarios para engalanar las partes más nobles del edificio. A estos artistas griegos se deben los mosaicos que ornamentan el arco de herradura, el alfiz (restaurados en parte a comienzos del siglo XIX) y los vanos de la arquería alta de la fachada, así como la bóveda que cubre este extraordinario espacio. La decoración es principalmente floral, absolutamente bizantina, completada con epigrafía de caracteres cúficos que recuerda la obra de Al-Hakam con la sura LIX del Corán. La obra se completó con piezas cerámicas prefabricadas para resolver el aristado de las pequeñas teselas en los gallones de la cúpula.

En tiempos del mismo califa se techó su ampliación con un lujoso artesonado de madera, restaurado a comienzos de la presente centuria, con vigas y tableros ornamentados con preciosa decoración floral, de lazos, y de polígonos mixtilíneos.

◀ *Arquerías de Al-Hakam II. (Páginas 26/27).*

Cúpula de la maqsura.

◀ Cúpula de la maqsura. (Páginas 30/31).

Arcos de la maqsura y fachada del mihrab. ▶

Nave de la ampliación de Almanzor.

TERCERA AMPLIACIÓN

En el año 987 tuvo comienzo la llamada «ampliación de Almanzor», quien la ordenó en los días del desgraciado califa Hisham II. Fue la última y la más extensa de todas, pero no ofrece novedades. Quizá su única originalidad radique en haber sido fabricada al costado oriental y a todo lo largo de la mezquita, con una anchura de 48 metros, incluyendo también la ampliación del patio con su aljibe. Se crearon ocho nuevas naves apoyadas sobre 356 columnas, cubiertas hoy con bóvedas barrocas del siglo XVIII. Se ha dicho que esta ampliación es más que nada un alarde, hecho sin duda, con miras políticas y para afirmar su poder.

Columna y capitel de Almanzor.

Altar de Santa Marta.

Puerta de San Sebastián.

Puerta de San Miguel.

PUERTAS Y FACHADAS

De la mezquita fundacional sólo quedan hoy las puertas de la fachada occidental, llamadas de los Deanes y de San Sebastián por abrir ésta al hospital del mismo nombre. Su decoración, vigorosa y un poco pesada, puede ser el eslabón entre la ornamentación visigoda y la califal. La puerta de San Miguel, reformada a comienzos del siglo XVI, presenta una bella conjunción entre el arte califal y el último gótico. El resto de las portadas restauradas de la fachada occidental –excepto el Postigo del Obispo en el que de nuevo se percibe la conjunción del gótico con el califal– concilian la composición tripartita de la puerta de San Sebastián con la fachada del *mihrab*. Casi todas las portadas de la fachada oriental, obra de Almanzor, sufrieron una intensa restauración bajo la dirección del arquitecto Ricardo Velázquez Bosco al filo de los siglos XIX y XX.

Postigo de Palacio. ▶

◀ *Puerta de las Palmas.*

Nave del Sagrario.

LA CATEDRAL

Toda la antigua mezquita fue consagrada como templo cristiano el 29 de junio de 1236, y convertida en catedral en 1239 tras la ceremonia de consagración de su primer obispo, don Lope de Fitero. Fue dedicada, por expreso deseo de Fernando III el Santo, a Santa María, Madre de Dios, que, a la vez, se constituía en título de la misma con la expresión, canónica y popularmente aceptada, de iglesia de Santa María. Hasta el siglo XVI no comenzaría a titularse de Nuestra Señora de la Asunción.

Tras la consagración y Dedicación, el primer paso para la transformación de la antigua mezquita en catedral fue el cierre de los arcos que abrían al patio, desacralizando así el espacio abierto, al modo y manera que lo eran los claustros de las catedrales hispanas. La relación con el patio quedó fijada por medio de cinco puertas: las dos de los claustros, otras dos, para la salida de las procesiones, en las naves del Sagrario y de Santa María del Pilar (hoy suprimida y cerrada con celosía de 1973), y la de la antigua nave axial o del *mihrab* que recibiría el nombre de Arco de Bendiciones o Puerta de las Palmas. La puerta principal y protocolaria de la catedral seguiría siendo la de la mezquita, llamada hoy Puerta del Perdón, que abre al patio y no al interior del templo, tal como ocurre en el resto de las catedrales hispanas. Este sustrato musulmán, respetado por los cristianos, es lo que proporciona, junto a la potente arquitectura de su interior, un carácter excepcional a esta catedral.

Capilla de Villaviciosa.

Capilla de Nuestra Señora de Villaviciosa. ▶

CAPILLA MAYOR, CRUCERO Y CORO

El primer altar mayor y coro de la catedral estuvieron ubicados, hasta comienzos del siglo XVII, en la llamada capilla de Villaviciosa, hoy completamente vacía desde las restauraciones emprendidas en el segundo tercio del siglo XIX, época en que se intentó devolverle en la medida de lo posible su estado original.

La construcción de la capilla mayor actual y del crucero con la grandeza de su concepción es, desde el comienzo de las obras en 1523, una aportación polémica. El cabildo catedralicio se manifestó contrario a la intervención propuesta por el obispo Alonso Manrique (1516-1523), defensor y protegido del emperador Carlos V. Muy pocos días después el concejo de Córdoba pregonaría por las calles y plazas de la ciudad la pena de muerte a los albañiles, canteros, carpinteros y peones que aceptaran el contrato para trabajar en la demolición de parte de la antigua mezquita. Antes aún de su conclusión, el canónigo José Aldrete, en nombre del obispo y del cabildo, dirá a Sixto V que se comenzó de forma poco prudente.

◀ *Nave del mihrab. (Páginas 40/41).*

Lateral del crucero.

Crucero y cúpula. ▶

1.- Arquitectura e iconografía

El proyecto pretendía crear una vasta nave de desahogadas proporciones, cuyo interior, prescindiendo de detalles, produce el efecto de una gran nave del Renacimiento. En ella intervendrán los arquitectos Hernán Ruiz I († 1547), su hijo Hernán Ruiz II († 1569), Diego de Praves, que aporta la cúpula y la bóveda del coro, y Juan de Ochoa († 1606), quien deja concluida la obra.

Los intentos de interpretación de este enorme espacio, cuyos muros enriostran y detienen los empujes de gran parte del edificio musulmán, no debieran alejarnos de la concepción y comprensión que en la época del proyecto se tenía del edificio musulmán, asi como de los precedentes litúrgicos cristianos medievales. Baste decir, por ejemplo, que es frecuente encontrar en la documentación medieval y del siglo XVI la denominación de naves, aplicada tanto a las perpendiculares a la antigua *qibla* como a los intercolumnios de doble arco en dirección Este-Oeste. Si no mucho más poderosa, al menos era la visión que visualmente se imponía con la repetición de las arquerías y de sus espectaculares efectos. La orientación litúrgica Este-Oeste, decidida ya en el siglo XIII en la antigua capilla mayor, sólo significó en la nueva la consolidación de una de las dos perspectivas que ofrecía el edificio. Bastaba, por otra parte, la más cercana referencia a la catedral hispalense, que, vista en planta, se asemeja en gran medida a la solución de Hernán Ruiz I.

En esta construcción, según F. Chueca, se advierte

Cúpula del crucero.

Capilla Real. Imagen de San Fernando. ▶

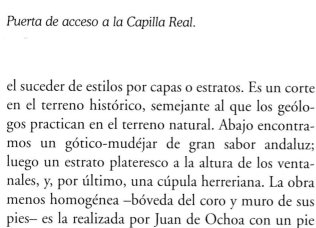

Puerta de acceso a la Capilla Real.

Cúpula de la Capilla Real.

el suceder de estilos por capas o estratos. Es un corte en el terreno histórico, semejante al que los geólogos practican en el terreno natural. Abajo encontramos un gótico-mudéjar de gran sabor andaluz; luego un estrato plateresco a la altura de los ventanales, y, por último, una cúpula herreriana. La obra menos homogénea –bóveda del coro y muro de sus pies– es la realizada por Juan de Ochoa con un pie en el Renacimiento y otro en el Barroco. El diseño de la bóveda del coro proviene de la original división en compartimentos de la Capilla Sixtina de Roma.

La iconografía que ofrece el conjunto de la capilla mayor, transepto, coro y naves colaterales se halla en relación con las distintas etapas del proyecto, siendo las más relevantes en cuanto a su aportación la primera y la última. La etapa del obispo Juan Alvarez de

Toledo (1523-1537) aporta en la bóveda del deambulatorio de detrás del altar mayor un programa basado en los Profetas, Evangelistas y Virtudes, así como los cinco relieves situados en los tímpanos de los arcos de herradura ubicados en el mismo espacio, dedicados a la Pasión y Resurrección de Jesucristo, realizados poco antes de 1531 por un escultor cuyo nombre desconocemos.

La bóveda de la capilla mayor, obra de Hernán Ruiz II, presenta un conjunto iconográfico numeroso e importante. Todo se proyecta y toma como centro la imagen de bulto de la Virgen María en su Asunción. Santos, profetas, apóstoles, ángeles músicos y el emperador Carlos constituyen una corona de gloria en torno a la figura de la Madre de Dios.

La iconografía de la bóveda del coro, obra del estuquista antequerano Francisco Gutiérrez, aparte de

Coro catedralicio y órganos.

Arco junto a la capilla mayor.

Contrafuerte del coro y altar de la Concepción.

los escudos del obispo Francisco Reinoso en las enjutas del centro, y del de algunos capitulares, presenta en las otras cuatro enjutas las figuras de David, Salomón, Daniel y Samuel. En las medias enjutas de las cuatro esquinas, las virtudes de la Fe, Esperanza, Caridad y Fortaleza. En la banda central, Nuestra Señora de la Asunción, santa Victoria y san Acisclo, mártires de época romana, patronos de la ciudad. La cúpula ofrece un programa propio de la Contrarreforma: evangelistas y Padres de la Iglesia como expresión de la revelación y de la tradición.

Contrafuertes de los pies del coro. ▶

Templete del altar mayor.

Imagen de Pedro Duque Cornejo en el altar mayor.

2. - Retablo del altar mayor y púlpitos

La construcción de este retablo se debió a la iniciativa y a los medios que ofreció el obispo fray Diego de Mardones (1607-1624), cuyo mausoleo puede verse al lado de la Epístola, obra de Juan Sequero de la Matilla.

El cabildo aprobó en 16 de febrero de 1618 el diseño presentado por el hermano jesuita Alonso Matías (1580-1626), cuya formación se fundaba en el conocimiento de los tratadistas italianos Vitrubio, Alberti, Palladio y Vignola. El arquitecto propuso que se hiciera en mármol y bronce porque así resultaría más sólido, más elegante, e incluso más barato, pues existía abundancia de mármol en las no lejanas canteras de Cabra, Luque y Carcabuey. Por orden del Padre General de la Compañía de Jesús, el hermano Matías hubo de abandonar la obra, y el cargo de maestro

mayor de la Catedral que ostentaba, en 1625, no sin antes dejar un memorial sobre la forma que debía proseguirse. No se concluiría hasta 1652. En él intervinieron sucesivamente Juan de Aranda Salazar (1627-1629) y el portugués Juan Vidal (1629-1652), respetando las trazas del hermano Matías. Las grandes esculturas que lo adornan son obra de Pedro Freile Guevara y Matías Conrado, mientras las labores de bronce quedaron a cargo de los plateros Pedro y Diego de León, Antonio de Alcántara, Pedro de Bares († 1649) y Juan Redondo. Alonso de Mena ejecutaría el Agnus Dei para el templete o custodia en 1646, hoy conservado en el Seminario de San Pelagio. Las pinturas con las imágenes de san Acisclo y santa Victoria, san Pelagio y santa Digna, mártires

Bóveda del altar mayor. ▶

52

Presbiterio. Imagen de Santiago.

Sepulcro del obispo Diego de Mardones.

cordobeses de época romana y musulmana, así como el gran lienzo de la Asunción, fueron pintados por Acisclo Antonio Palomino en 1714.

Este retablo, segun M. A. Raya, fue concebido dentro de un orden único y monumental en el que cabe destacar la verticalidad de sus calles, conseguida a través de un único eje de unión entre los dos cuerpos, que le confiere un ordenamiento visual propio del barroco.

El conjunto se completa con la mesa de altar en plata donada por el obispo Pedro Antonio de Trevilla en 1818, ejecutado bajo la dirección del arquitecto mayor de Madrid Manuel de la Peña Padura, además de la gran lámpara de plata donada por el obispo Cristóbal de Lovera y realizada por el platero Martín Sánchez de la Cruz en 1629.

Los púlpitos, idea del obispo don Martín de Barcia

(1756-1771), tuvieron un largo proceso de ejecución entre los años 1762 y 1779. Su ejecución se atribuye por tradición al marsellés Miguel Verdiguier († 1796), y parece que a él hay que atribuirle, al menos, los símbolos de los evangelistas sobre los que descansan los púlpitos, mientras parte de éstos –los medallones, en concreto– deben ser obra de Alfonso Gómez de Sandoval.

La iconografía de las medallas están adaptadas a la acción litúrgica de cada uno de los púlpitos. Las del lado de la Epístola ofrecen escenas de la predicación y actividad pastoral de los apóstoles, mientras las del lado del Evangelio están en relación con la vida de Jesús.

Coro y altar mayor. ▶

Púlpito del lado del Evangelio.

Púlpito del lado de la Epístola.

*Símbolos de
san Mateo y
san Marcos.*

*Símbolos de
san Lucas y
san Juan.*

Capilla de san Bernabé.

Relieves góticos tras el altar mayor. ▶

*Relieve de
la Pasión.
Espaldas del
altar mayor.*

*Relieve de la
Resurrección.
Espaldas del
altar mayor.*

*Relieve de
la Pasión.
Espaldas del
altar mayor.*

*Relieve de
la Pasión.
Espaldas del
altar mayor.*

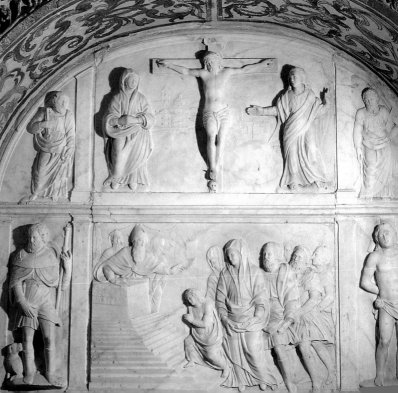

◄ *Relieve de la Pasión. Espaldas del altar mayor.*

◄ *Pintura de Nuestra Señora del Carmen y relicario.*

Retablo en mármol de la capilla de la Presentación.

Pila bautismal. Año 1723.

Sillería y retablo mayor.

Sillería y sitial del obispo en el coro. ▶

3. - Sillería del coro

La construcción de esta espléndida sillería realizada en caoba de las Antillas tuvo comienzo en 1742 al recibir el cabildo una rica donación para ello. Tras largas deliberaciones y estudio de diversos diseños se eligió a Pedro Duque Cornejo –cuyos restos mortales descansan hoy a la entrada del coro–, nacido en Sevilla en 1678, quien comienza su labor en 1747, dándola por finalizada en 1757, año de su muerte, cuando contaba ochenta años de edad.

El trono episcopal, concebido a modo de retablo, constituye la coronación de todo el conjunto. Toda su iconografía depende de la devoción personal del obispo Miguel Vicente Cebrián, originario de Zaragoza († 1752), lo que explica que en el medallón de la sede episcopal se tallara la aparición de la Virgen del Pilar al apóstol Santiago. En los medallones colaterales puede verse a san Vicente Ferrer y san Miguel, cuyos nombres llevó el obispo, san José y san Antonio de Padua. Flanqueando la escena de la Ascensión del Señor, se hallan las imágenes de santa María Magdalena y santa Teresa. Todo el conjunto se culmina con la gallarda efigie de san Rafael, custodio de la ciudad.

La sillería del coro, según R. Taylor, es una obra insólita dentro del marco de su época, no sólo por la riqueza del material utilizado en su construcción, sino también por su concepto y ordenación. En ella se incorporan los principales episodios del Antiguo Testamento y de los Evangelios, por lo que llega a ser una Biblia pauperum a lo moderno. La presen-

Detalle de la sillería.

Facistol del coro.

cia de las figuras de los mártires cordobeses en la sillería baja trataba sin duda de vincular teológicamente a la Iglesia diocesana con la historia entera de la Salvación.

La obra se completaría con las figuras de los cuatro evangelistas en los cuatro ángulos del coro, y con dos relojes de péndulo ingleses del siglo XVIII.

Una pieza excepcional, procedente del coro antiguo e integrada en éste, es el águila-facistol de latón colado, procedente de un taller de Malinas (Países Bajos), donde se realizó a comienzos del siglo XVI. En su pie pueden verse las figuras de la Virgen con el Niño, santa Catalina y santa Bárbara.

Coronación del sitial del Obispo en el coro. ▶

Portapaces del obispo Fernández de Angulo.

TESORO O MUSEO CATEDRALICIO

Está ubicado en la capilla de Santa Teresa o del Cardenal Salazar y en dos estancias del antiguo sabat o galería situada tras la *qibla*. La idea de su presentación con carácter museístico partió del magistral González Francés en sesión capitular de 18 de marzo de 1896. Las piezas reunidas responden siempre a la finalidad fundamental del culto catedralicio, excepto en algunas ocasiones en que las obras estaban destinadas a usos capitulares (escribanías) o episcopales (báculos, pectorales, anillos). En la actualidad cuenta con 473 piezas que han llegado al Tesoro por donaciones de obispos, canónigos y seglares, o por adquisición realizada por la Obra y Fábrica.

La catedral siempre contó desde el siglo XVI al XIX con su maestro mayor de platería, entre los cuales cabe mencionar por la calidad de sus obras a Rodrigo de León (c. 1539-1609), Pedro Sánchez de Luque (1616-1641), Bernabé García de los Reyes (1725-1752), y Damián de Castro (1752-1793).

La obra más singular de todo el Museo es la custodia procesional del Corpus Christi que merece ser vista detenidamente. Fue encargada por el cabildo a Enrique de Arfe, orfebre alemán nacido en Harff, cerca de Colonia, en 1514, mediante la posible mediación del arcediano Francisco de Simancas († 1520), gran devoto de la Eucaristía. Colaboró a la obra con toda su plata. Las actas capitulares certifican que en 7 de septiembre de 1514 el orfebre ya trabajaba en ella. Salió completa por primera vez en la procesión del 1

Enrique de Arfe. Custodia procesional del Corpus.

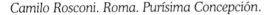

Camilo Rosconi. Roma. Purísima Concepción.   *Damián de Castro. Imagen de Nuestra Señora.*

de junio de 1518, día del Corpus Christi. Su altura es 262 cm. Base: 92 cm.

Tiene tres cuerpos que se apoyan sobre un basamento de planta decagonal de varios niveles y gran riqueza decorativa. El nivel inferior fue añadido en los años 1734-1735 por Bernabé García de los Reyes para dar a la custodia una mayor altura. En las caras exteriores se ha representado los grupos que danzaban y bailaban en la procesión en el siglo XVIII: carroza, danza de niños del Coro, grupos de hombres y mujeres danzando. En esta base se hallan colocadas tres inscripciones que recuerdan las principales restauraciones de la custodia, hechas en 1735, 1784 y 1967.

Sobre este zócalo del siglo XVIII se asientan los restantes niveles que constituyen el basamento, separa-

dos unos de otros por cresterías. El último nivel del basamento recoge dieciocho nichos que cobijan relieves en plata que representan bellísimas escenas de la vida de Cristo.

Sobre este rico basamento se asienta el primer cuerpo, cubierto por cúpula de gallones bajo los que se coloca la custodia portátil, cuyo pie es de la segunda mitad del siglo XVI. Se apoya sobre un zócalo exagonal decorado con el *Arbol de Jesé*.

El segundo cuerpo de la custodia es el templete que cobija la imagen de plata de la Asunción de Nuestra Señora, obra de Bernabé García de los Reyes. Su cúpula es calada, y sobre ella se alza la estructura arquitectónica del tercer cuerpo, rematado por una pieza ovoide con esmeraldas, que sirve de base al Resucitado.

Damián de Castro. Urna del Jueves Santo.

Cáliz del arzobispo Delgado Venegas.

Relicario de san Bartolomé.

Además de ésta insigne obra pueden verse las siguientes piezas:
- Cruz procesional de cristal de roca, siglo XIII.
- Enrique de Arfe. Cruz procesional del arcediano Simancas, c. 1515. Plata dorada.
- Pedro Sánchez de Luque. Cruz procesional del obispo Mardones, 1620. Plata dorada.
- Rodrigo de León. Acetre del obispo Diego de Alava, 1561-1562. Plata en su color.
- Sacra del obispo Cebrián. Primera mitad del siglo XVII. Plata en su color.
- Sacras del obispo Barcia, hechas en Roma, 1756-1761.
- Pedro Sánchez de Luque. Atriles del racionero Murillo, 1630. Plata en su color.

- Pedro Fernández. Portapaces del obispo Fernández de Angulo, 1515. Plata dorada.
- Portapaz de la Adoración de los Reyes, c. 1530. Plata dorada.
- Rodrigo de León. Portapaces del marqués de Comares, 1578.
- Damián de Castro. Arca eucarística del Jueves Santo, 1761.
- Damián de Castro. Imagen de Nuestra Señora, 1757. Plata sobredorada y en color.
- Damián de Castro. Imagen de San Rafael, 1768. Plata sobredorada y en su color.
- Relicario de San Esteban, 1398-1426. Plata sobredorada.
- Relicario de San Bartolomé, mediado del siglo XV, con copa de cristal de roca.

Cruz del obispo Mardones.

Rodrigo
de León.
Acetre del
obispo Alava.

Ostensorio
de las
Cuarenta
Horas.

Pedro ▶
de Córdoba.
Anunciación.

Tesoro.
Crucificado
en marfil.

Damián
de Castro.
San Rafael.

pedro de cordova pintor

esta obra e rretablo mando fazer diego sanches de castro canonigo desta yglia a onrra de dios nro señor e d la sagra incarnaçion cielos bie aventurados
sa ma bapta esātiago e sā llorente e sāto mo de bretaña e de sato pio papa e de santa barbara acabose a xx dias de março año d M·cccc·lxxv· años

Coronación de la capilla de la Concepción.

Capilla de San Simón y San Judas. Imagen del Nazareno.

CAPILLAS

Las capillas, adosadas en general a los muros perimetrales de la antigua mezquita, responden en su planteamiento al carácter de las mismas en el resto de las catedrales. Desde el mismo siglo XIII las dos naves extremas de oriente y occidente se convierten en espacios cerrados, así como la antigua *maqsura* junto al muro sur. Su finalidad primordial fue la de gozar de un lugar de sepultura para el fundador, descendientes y familiares, donde a la vez se ofrecieran sufragios por sus almas.

1. - Capillas del muro occidental

En este costado pueden visitarse hasta diez capillas, dedicadas de norte a sur a San Salvador y San Ambrosio con su bello retablo barroco del retablista Teodosio Sánchez de Rueda, tallado en 1723; San Agustín y Santa Eulalia, fundada en 1409, y en la que se puede ver un gran cuadro de San Rafael en su aparición al P. Roelas, firmado por Antonio Alvarez Torrado en 1788; y San Simón y San Judas, instituida en 1401 y ornamentada con retablo barroco donde destaca el altorrelieve de Jesús Nazareno, del siglo XVI.

La capilla de Nuestra Señora de la Concepción ocupa el lugar que desde la Edad Media estuvo dedicado a baptisterio. En su estado actual fue fundada por el obispo fray Alonso de Medina y Salizanes en función de mausoleo episcopal. Comenzado el pro-

Retablo de la capilla de la Concepción. ▶

Cúpula de la antecapilla de la Concepción.

Capilla de San Antón. Imagen del titular.

yecto en 1679, pudo celebrarse su inauguración el 2 de diciembre de 1682. Su construcción afectaría al muro occidental en su exterior.

La antecapilla se cubre con una media naranja adornada con pinturas atribuidas a Juan de Alfaro con iconografía mariana y franciscana. La capilla se abre con portada de mármol rojo de Cabra y reja de Pedro de León, firmada en 1682. Su interior es de gran riqueza con retablo de Melchor de Aguirre e imágenes del escultor Pedro de Mena. En los paramentos laterales, las figuras orantes de san Ildefonso de Toledo y el obispo Alonso de Salizanes.

Siguen la de San Antón o Antonio Abad, en la que puede verse la imagen del santo en la hornacina de un retablo barroco de fines del siglo XVII. La de la Santísima Trinidad fue fundada en 1401, pero su retablo de estuco con el lienzo de la Trinidad data de 1864, obra del catalán José Saló. A su costado sur se encuentra la de San Acasio y Once Mil Vírgenes, fundación del obispo Fernando González Deza (1398-1424), reformada en su totalidad a comienzos del siglo XVIII. Cúpula y retablo son obra del escultor y ensamblador Teodosio Sánchez de Rueda en 1714. El contrato suponía el aprovechamiento de un Ecce Homo, la hechura de la imagen de san Acasio y la pintura de siete lienzos pintados por el italiano Juan Pompeyo.

Por último, puede contemplarse en su discreto cerramiento, en parte mudéjar (1399), la capilla de San Pedro y San Lorenzo, con orígenes en el siglo XIII, aunque su ornamentación actual es del siglo XVIII. En el retablo, óleo sobre lienzo que representa a San Pedro curando al paralítico, copia italiana del original de Cigoli (1605-1621). En el costado sur exterior se encuentra el gran lienzo de la Cena, de Pablo de Céspedes pintado entre 1593-1595, después de su segundo viaje a Roma. De su técnica se ha dicho que fue gran imitador de la hermosa manera de Antonio Correggio, y uno de los mayores coloristas de España. El marco es de Juan de Ortuño en 1595.

Capilla de la Santísima Trinidad.

Puerta ciega de la capilla de San Pedro. ▶

Detalle del retablo de San Acacio.

2. - Capillas adosadas al muro sur

La capilla de San Esteban y San Bartolomé tiene el valor añadido de ser el lugar donde descansan los restos de don Luis de Góngora († 1627), en urna sepulcral diseñada por el arquitecto Carlos Luca de Tena, y ejecutada por el taller de marmolistas García Rueda, y labores de fundición del platero F. Díaz Roncero. Su fundación data del siglo XIII, pero la relación de los Góngora con ella sólo se puede comprobar a partir de la segunda mitad del siglo XV. La pintura del retablo-marco barroco con el martirio de san Bartolomé es una modesta copia de un maestro local sobre

Capilla de San Acacio. Ecce Homo.

un grabado de José de Ribera de 1626. Los azulejos de la mesa de altar son de fines del siglo XV.

La de Santa Teresa o del Cardenal Salazar (1630-1706) salva su finalidad primera de sacristía mayor de la catedral, como había sido sacristía de la antigua mezquita, lo que justifica que aquí se encuentren expuestos objetos litúrgicos y se guarden los ornamentos. Su construcción se hizo con proyecto y bajo la dirección del maestro mayor Francisco Hurtado Izquierdo (1669-1725). Las yeserías de la cúpula son de Teodosio Sánchez de Rueda en 1702. En 1712, Toedosio Sánchez de Rueda contrató la hechura de dos exuberantes marcos de talla para los lienzos de la Purísima Concepción y de la Asunción, atribuidas a Juan Pompeyo. Bajo la sacristía, y con la misma planta, se encuentra una cripta con retablos y pinturas del mismo Juan Pompeyo.

Entre los arcos de la capilla y sobre repisas, imágenes de santos religiosos, talladas, así como la de Santa Teresa, por José de Mora. El retablo de estuco de la titular se hizo en 1798 y puede atribuirse al maestro mayor Ignacio de Tomás. Los tres grandes lienzos que representan a san Fernando, los santos Acisclo y Victoria y la Aparición de San Rafael al P. Roelas fueron pintados por Acisclo Antonio Palomino en 1713.

La capilla de Santa Inés, cuya fundación data de 1350-63, se halla ornamentada con un bello retablo en mármol y estuco del francés Baltasar Dreveton labrado en 1761. La imagen de la santa se hizo por Miguel Verdiguier, también francés.

A su costado oriental se encuentra el altar de la Encarnación en el que goza de todo su esplendor la insigne tabla firmada por Pedro de Córdoba en 1475

Juan Pompeyo. Purísima Concepción. Capilla de Santa Teresa.

Capilla de Santa Teresa.
Imagen de la titular.

Azulejos del altar de San Bartolomé.

con la escena de la Anunciación, a cuyos pies se hallan san Juan Bautista con el canónigo Juan Muñoz, Santiago y el segundo fundador Diego Sánchez de Castro, san Lorenzo, San Pio I, San Ibo de Bretaña y santa Bárbara.

En el ángulo sureste se encuentra la antigua capilla de Santiago, dedicada a Sagrario de la catedral desde 1571. Todos sus paramentos están decorados al fresco por el italiano César Arbasia (1547-1607). La Santa Cena ocupa el frente de la nave central; en los altares laterales, dos lienzos también del mismo pintor. El resto de los paramentos recogen iconografía de los mártires romanos y mozárabes cordobeses. Su organización deriva de los *Uomini famosi*. En el luneto sobre cada grupo de mártires se encuentra una decoración paisajística, campo en el que Arbasia había adquirido una gran fama.

El tabernáculo, en madera tallada, dorada y policromada, se contrató con Guillermo de Orta, entallador flamenco, en 1578. El dorado y estofado quedó a cargo de Alonso de Ribera.

Capilla de la Asunción. Relieve del retablo.

Sepulcro del cardenal Salazar. ▶

Retablo de la capilla de San José.

Imagen de la capilla Antigua de la Concepción.

3.- Capillas adosadas al muro oriental

La primera de las capillas está dedicada a la Asunción de Nuestra Señora y está ornamentada con retablo cuya traza es de Hernán Ruiz II, 1552, y su ejecución del entallador Juan de Castillejo. Las pinturas en tabla han sido atribuidas recientemente a Pedro Fernández Guijalvo. En dos cartelas de su espléndida reja aparece la fecha de 1554.

Sigue la capilla de la Natividad de Nuestra Señora con retablo de Martín de la Torre, 1567, y gran cuadro de la Generación de María, del pintor Gabriel Rosales, 1578. A su costado norte se encuentra la de San José, fundada en 1349. Su retablo barroco, rea-

lizado en torno a 1720, acoge una efigie de Cristo a la Columna del siglo XVI.

La Antigua de Nuestra Señora de la Concepción data, en cuanto a su fundación, de 1379. Su retablo plateresco, todavía de autor anónimo, es de fondo plano. Las pinturas del banco son de Miguel Ruiz de Espinosa en 1547. Del mismo pintor es la tabla de San Zoilo.

A su lado se halla la del Espíritu Santo, fundada en 1568 por los hermanos Simancas, dos de ellos obispos de Ciudad Rodrigo y Cartagena de Indias, respectivamente. La obra del recinto, comenzada por Hernán Ruiz II († 1569), se concluiría por su hijo Hernán Ruiz III. Se manejan en pequeño los temas del purismo andaluz, pero con tal densidad que el espíritu resulta arabesco.

Nuestra Señora de la O o Expectación tiene su fun-

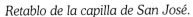

◄ *Santa Cena, de Pablo de Céspedes.*

Retablo de Santa María de Guadalupe.

Retablo de la capilla de la Limpia Concepción.

dación en 1364. Su retablo es de 1743, y el lienzo de la Anunciación fue pintado en el mismo año por el pintor Pedro Moreno.

San Nicolás de Bari es capilla fundada en 1262. En 1556 se concertó con Francisco de Castillejo la hechura del dorado, pintado y estofado del retablo, según las condiciones dadas por Hernán Ruiz II. La imagen del titular es obra de Francisco Martínez, entallador, en 1549. El retablo recibió una profunda restauración en 1623. Las pinturas en tabla fueron contratadas con Pedro de Campaña, pintor flamenco, en 1556. En el lado del Evangelio está un retablo dedicado a Nuestra Señora de Guadalupe, hecho por Francisco Ruiz Paniagua en 1679.

Sigue el Baptisterio, trasladado a este lugar en 1679. La pintura del retablo al fresco del muro sur es obra de Pedro Moreno en 1723. El programa iconográfico y los versos de este retablo pintado son del P. Juan de Santiago, S. J. De la misma fecha es la pila de jaspe gris azulado, la concha interior de alabastro y la tapadera tallada y dorada.

La de San Juan Bautista tiene su fundación en el año 1260 por el primer señor de Aguilar, y en ella se encuentra un bello retablo, cuyo proyecto no debió estar lejos del maestro mayor Hernán Ruiz III, estructurado según el esquema serlio palladiano. Recibió algunas pequeñas reformas barrocas por mano de Manuel Molero Cañas de Oro en 1720. La obra pictórica debió ejecutarse en el último cuarto del siglo XVI, sin que hasta el momento se haya identificado su autor.

La capilla de la Limpia Concepción, cuya obra de

cerramiento debió estar bajo la supervisión de Hernán Ruiz III y realizada por Cristóbal Guerra († 1574). El retablo fue contratado con Francisco de Vera, entallador, en 1581. Las pinturas son de Baltasar del Aguila en 1582-1587. De la misma época es el bello frontal de azulejos con la escena de la Samaritana.

La obra de la capilla de Santa Ana fue encomendada a Juan de Ochoa en 1596, y es la primera con muros y cancela. Las pinturas que decoran su retablo han sido atribuidas a Pablo de Céspedes desde A. A. Palomino.

San Antonio de Padua es la última capilla de este costado oriental, levantada por el maestro mayor Sebastián Vidal, cuyos restos mortales descansan ante la entrada de la capilla. El retablo ha sido atribuido al mismo maestro. Las pinturas vienen siendo atribuidas al cordobés Antonio Fernández de Castro Villavicencio (1659-1739).

4. - Capillas adosadas al muro norte

Entre ellas cabe señalar la importancia de la titulada de las Benditas Animas de Purgatorio, fundada por el inca Garcilaso de la Vega en 1612. La imagen del Cristo Crucificado es de Felipe Vázquez de Ureta. También la de Nuestra Señora del Rosario con pinturas de Antonio del Castillo de 1647; el Santo Cristo del Cautivo o de la Uña con tradición documentada desde 1581; y las de los Santos Reyes, San Miguel, Nuestra Señora de la Antigua, Santa María Magdalena, San Esteban y San Eulogio.

Detalle del retablo de San Juan Bautista.

Capilla de San Antonio. Imagen del titular.

BIBLIOGRAFÍA

AGUILAR PRIEGO, «Datos inéditos sobre la restauración del Mihrab de la Mezquita de Córdoba», Brac, 54 (1945), 139-166.

ALCOLEA, S., Guías Artísticas de España: Córdoba, Barcelona, 1963.

BRISCH, K., «Las celosías de las fachadas de la Gran Mezquita de Córdoba», Al-Andalus, XXVI (1961) 398-426.

CAMPS CAZORLA, E., Módulo, proporciones y composición en la arquitectura califal cordobesa, Madrid, 1953.

CAPITEL, A., «La Catedral de Córdoba. Transformación cristiana de la Mezquita», Arquitectura, 256 (1985), 37-46.

CASTEJON, R., La Mezquita Aljama de Córdoba, León, 1971.

CRESWELL, K.A.C., Early Muslim architecture, 1979.

CHUECA GOITIA, F., La Mezquita de Córdoba, Granada, 1968.

GOLVIN, L., Essai sur l'architecture religieuse musulmane, 4, L'art hispano-musulman, París, 1979.

GOMEZ MORENO, M., «La civilización árabe y sus monumentos en España», Arquitectura, II (1919) 310.

HERNANDEZ GIMENEZ, F., «Arte musulmán: La techumbre de la Gran Mezquita de Córdoba», Archivo Español de Arte y Arqueología, XII (1928) 191-225.

HERNANDEZ GIMENEZ, F., El alminar de Abd al-Rahman III en la Mezquita de Córdoba, Granada, 1975.

MARQUEZ, C., Capiteles romanos de Corduba Colonia Patricia, Córdoba, 1993.

MARTIN RIBES, J., Sillería del Coro de la Catedral de Córdoba, Córdoba, 1981.

NIETO CUMPLIDO, M. - LUCA DE TENA, C., La Mezquita de Córdoba: planos y dibujos, Córdoba, 1992.

NIETO CUMPLIDO, M., La miniatura en la Catedral de Córdoba, Córdoba, 1973.

OCAÑA JIMENEZ, M., «La Basílica de San Vicente y la Gran Mezquita de Córdoba», Al-Andalus, VII (1942), 1-20.

OCAÑA JIMENEZ, M., «Arquitectos y mano de obra en la construcción de la Gran Mezquita de ÷Córdoba», BRAC, 102 (1981) 97-137.

RAYA, M. A., Catálogo de las pinturas de la Catedral de Córdoba, Córdoba, 1988.

RUIZ CABRERO, G., «Dieciseis proyectos de Velázquez Bosco». Arquitectura, 256 (1985), 47-56.

STERN, H., Les mosaiques de la Grand Mosquée de Cordoue, Berlín, 1976.

TAYLOR, R., El entallador e imaginero sevillano Pedro Duque Cornejo (1678-1757), Madrid, 1982.

TORRES BALBAS, L., «Las tres primeras etapas constructivas de la Mezquita de Córdoba», Al-Andalus, III (1935), 139-43.

TORRES BALBAS, L., Arte Hispanomusulmán hasta la caida del califato de Córdoba, Historia de España de R. Menéndez Pidal, V, 1957.

PLANO MEZQUITA DE CÓRDOBA

1. Puerta del Perdón.
2. Postigo de la Leche.
3. Puerta de los Deanes.
4. Puerta de San Esteban.
5. Puerta de San Miguel.
6. Postigo de Palacio.
7. Postigo del Sagrario.
8. Puerta de Santa Catalina.
9. Puerta de las Palmas.
10. Patio de los Naranjos.
11. Claustro.
12. Naves de Abderramán I.
13. Ampliación de Abderramán II.
14. Ampliación de Al-Hakam II.
15. Naves de Almanzor.
16. Capilla Mayor.
17. Crucero.
18. Púlpitos.
19. Coro.
20. Capilla de Villaviciosa.
21. Capilla Real.
22. Capilla de San Pablo.
23. Mihrab.
24. Capilla de Santa Teresa y Tesoro.
25. Santa Cena.
26. Museo Visigodo de San Vicente.

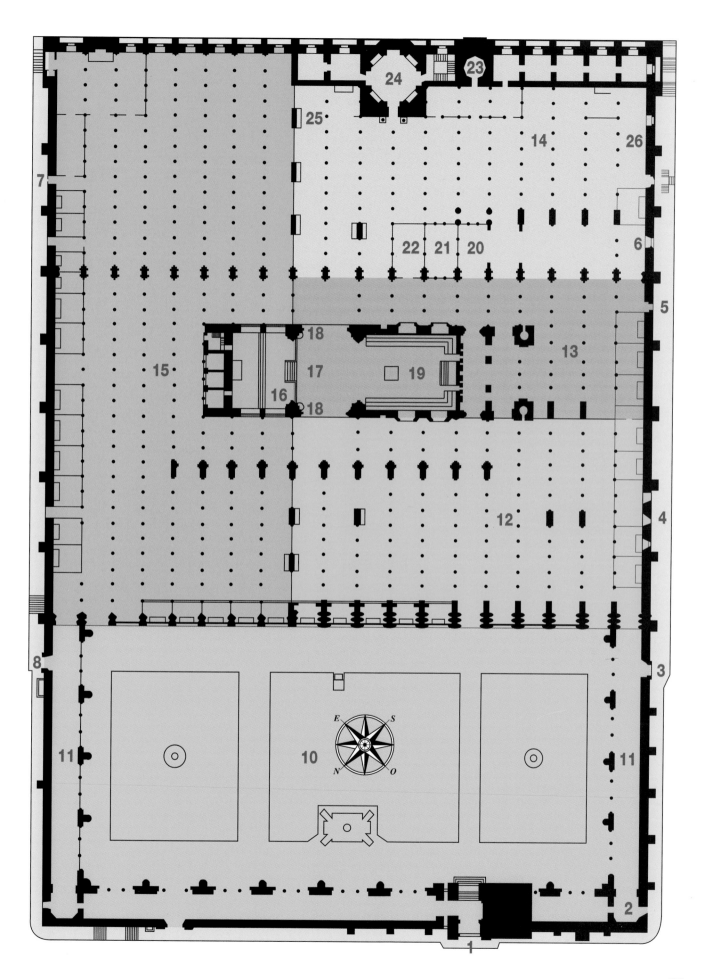

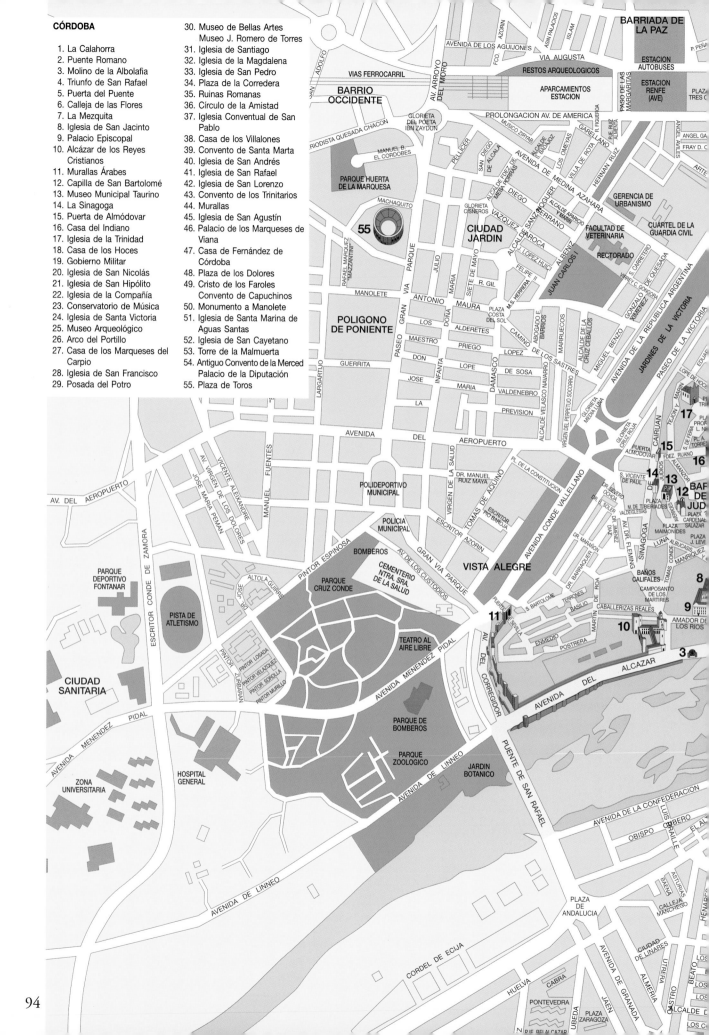

CÓRDOBA

1. La Calahorra
2. Puente Romano
3. Molino de la Albolafia
4. Triunfo de San Rafael
5. Puerta del Puente
6. Calleja de las Flores
7. La Mezquita
8. Iglesia de San Jacinto
9. Palacio Episcopal
10. Alcázar de los Reyes Cristianos
11. Murallas Árabes
12. Capilla de San Bartolomé
13. Museo Municipal Taurino
14. La Sinagoga
15. Puerta de Almódovar
16. Casa del Indiano
17. Iglesia de la Trinidad
18. Casa de los Hoces
19. Gobierno Militar
20. Iglesia de San Nicolás
21. Iglesia de San Hipólito
22. Iglesia de la Compañía
23. Conservatorio de Música
24. Iglesia de Santa Victoria
25. Museo Arqueológico
26. Arco del Portillo
27. Casa de los Marqueses del Carpio
28. Iglesia de San Francisco
29. Posada del Potro
30. Museo de Bellas Artes Museo J. Romero de Torres
31. Iglesia de Santiago
32. Iglesia de la Magdalena
33. Iglesia de San Pedro
34. Plaza de la Corredera
35. Ruinas Romanas
36. Círculo de la Amistad
37. Iglesia Conventual de San Pablo
38. Casa de los Villalones
39. Convento de Santa Marta
40. Iglesia de San Andrés
41. Iglesia de San Rafael
42. Iglesia de San Lorenzo
43. Convento de los Trinitarios
44. Murallas
45. Iglesia de San Agustín
46. Palacio de los Marqueses de Viana
47. Casa de Fernández de Córdoba
48. Plaza de los Dolores
49. Cristo de los Faroles Convento de Capuchinos
50. Monumento a Manolete
51. Iglesia de Santa Marina de Aguas Santas
52. Iglesia de San Cayetano
53. Torre de la Malmuerta
54. Antiguo Convento de la Merced Palacio de la Diputación
55. Plaza de Toros

ÍNDICE

I.S.B.N. 978-84-378-1671-5
Impreso en España
Dep. Legal B. 24186-2009